Couverture inférieure manquante

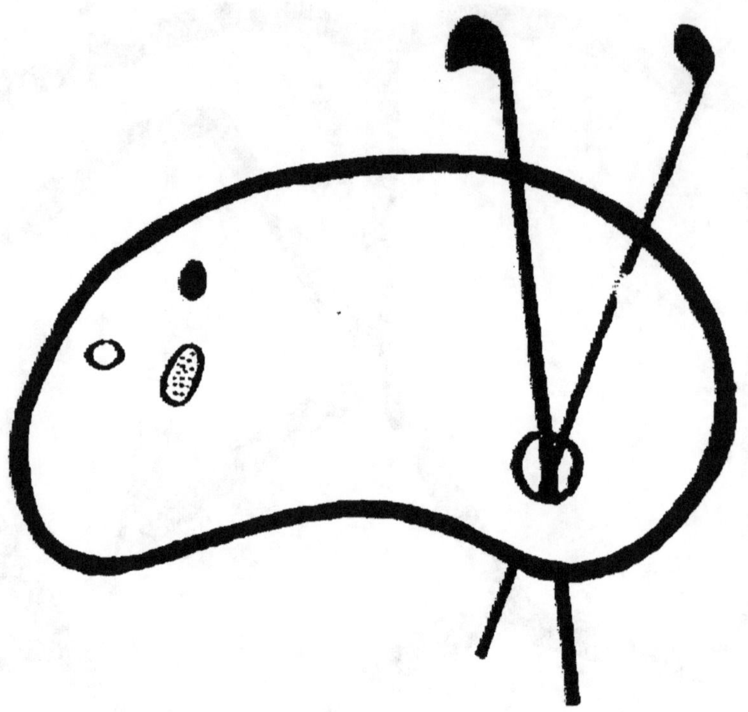

ALSACE

—

NOS ÉLECTIONS

AU REICHSTAG

LETTRE

À

M. A. MAUDUIT

Ancien Rédacteur en chef du *Courrier du Haut-Rhin*

PAR

JULIEN SÉE

CLERMONT-FERRAND

TYPOGRAPHIE G. MONT-LOUIS

Rue Barbançou, 2

—

1874

ALSACE

NOS ÉLECTIONS

AU REICHSTAG

LETTRE

À

M. A. MAUDUIT

Ancien Rédacteur en chef du *Courrier du Haut-Rhin*

PAR

JULIEN SÉE

CLERMONT-FERRAND

TYPOGRAPHIE G. MONT-LOUIS

Rue Barbançon, 2

1874

NOS ÉLECTIONS

AU REICHSTAG

Au moment où nos députés vont prendre place au
Reichstag et parler au nom de l'Alsace-Lorraine devant
les représentants de l'Allemagne, jetons un regard sur
l'ensemble de nos élections pour en démêler, s'il se
peut, la portée véritable. Ces élections ont-elles en
effet l'unique signification qu'on leur attribue et ne
sont-elles réellement qu'une négation du droit de la
conquête? Répondre à cette double question d'une manière trop absolue serait manquer à ma conscience autant qu'à la vérité. Les Alsaciens ont protesté contre la
violence dont ils sont victimes, cela est vrai, mais ils
ont en même temps entendu affirmer leurs sentiments
religieux. Si grand, si profond que soit notre amour
pour la France, la préoccupation confessionnelle, hélas!
n'a pas eu moins de part à nos votes que le regret de

la patrie perdue, et si cet élément du litige n'a pas été plus nettement remarqué, c'est parce que l'ingérence inopportune de quelques journaux a rendu plus obscure une situation déjà peu claire en elle-même.

L'Alsace, il faut bien le dire, malgré ses deux siècles de communauté française, n'est presque pas connue de la France. Ce que l'on sait généralement de notre pays par-delà les Vosges, c'est qu'il a été conquis par Louis XIII ou Louis XIV, qu'il touche au Rhin et parle allemand, et qu'il a eu le monopole des marchands de balais et des gendarmes, à peu près comme l'Auvergne a celui des commissionnaires et des porteurs d'eau. Des notions si sommaires, on me l'accordera, sont d'une évidente insuffisance, aujourd'hui principalement que la France a tant besoin de savoir *lire* l'Allemagne. Toutefois il est juste d'ajouter que si l'Alsace morale est encore ignorée, c'est que la variété de ses aspects déroute singulièrement l'observation. Ici les principes *généraux* d'appréciation sont en défaut à chaque instant. Véritable microcosme du saint-empire d'autrefois, l'Alsace est la diversité même. Différente à la fois de l'Allemagne et de la France, elle présente dans son propre sein les oppositions les plus surprenantes. Ce qui est vrai d'une ville ne l'est plus de l'autre; chacune a sa physionomie propre, chacune son trait saillant. Quand, par exemple, nous voudrons étudier le protestantisme, nous nous transporterons dans Strasbourg; si c'est le catholicisme qu'il s'agit d'observer, nous irons à Molsheim ou à Schlestadt. Pour suivre les phases du mouvement socialiste, Mulhouse bientôt nous servira de

type. A Colmar, nous jouissons d'une vue d'ensemble,
car les proportions respectives des divers cultes, ainsi
que des éléments agricole et industriel, font propre-
ment de cette ville une Alsace en miniature. Aussi
est-ce de mes fenêtres colmariennes que nous allons,
si vous voulez bien, regarder la pièce électorale.

Commençons par les acteurs. Il y en a de grands et
de petits. Ces grands que vous voyez au fond, ce
sont....

— Les Prussiens et les Français ?
— Non.

I.

Bien que nous ayons participé, depuis le commencement du siècle, à tous les drames politiques dont la
France a été le théâtre et que nous ayons apporté notre
contingent d'action dans chacune des révolutions qui
s'y sont succédé, nos populations n'en ont pas moins
conservé, de leur passé germanique, cet esprit local et
ce tempérament religieux qui les caractérisent. De partis purement politiques, il n'y en a eu chez nous que
depuis 1789; encore ces partis n'ont-ils jamais eu de
racines bien profondes. Ce n'est pas que notre intelligence répugne aux questions temporelles ou soit im-
propre à les résoudre, mais les divers changements
auxquels nous avons assisté depuis la chute de l'ancienne monarchie et l'avénement successif des partis les

plus opposés n'ont permis à aucune opinion de s'implanter fortement dans notre province et ont ainsi contribué, non moins que la coexistence de deux clergés, à perpétuer des rivalités confessionnelles qui datent de la Réforme.

Jusqu'à la Révolution, en effet, on ne voit en Alsace que deux partis religieux, les Catholiques et les Protestants. Les premiers, jadis en minorité, jouissaient de la faveur d'un pouvoir qui s'appuyait sur eux; les seconds, déchus de leur primauté, suivaient d'un œil jaloux le développement des « papistes ». Les magistratures et les offices publics, tout en restant électifs, devaient être partagés en nombre égal entre l'une et l'autre confession [1]. Il se produisit de temps à autre, comme on pense bien, quelques passe-droit, dont l'harmonie civique naturellement paya les frais. Divers faits qui s'espacent dans le cours du xviiie siècle, entretinrent l'antagonisme jusqu'aux années de la Révolution. Ce fut, entre autres, l'échange forcé du gras prieuré de Saint-Pierre [2] contre le maigre fief du Hohenlandsberg, contrat violemment imposé par l'Intendance au Magistrat de Colmar et dont les Jésuites de Strasbourg recueillirent le bénéfice.

A la même époque, un conflit d'autre nature, mais non moins irritant, ajoutait à l'acrimonie réciproque des deux partis : contraints à la restitution de l'église

---

[1] *Traité d'Osnabrück,* art. 5.

[2] Saint-Pierre, propriété communale, rapportait 14,000 livres, et la seigneurie du Hohenlandsberg 4,000. Voit *Mém. des RR. PP. Jésuites du collège de Colmar.* Genève, 1872.

de Saint-Pierre, les protestants se virent encore atta-
qués dans la possession du chœur de leur propre
temple et obligés, par une ordonnance du régent, d'en
faire abandon à leurs compétiteurs catholiques. En
1755, une mission de Jésuites au village mixte d'Hu-
nawihr suscita une querelle dont la conséquence fut
l'arrestation et le bannissement du pasteur et de dix
notables protestants de la localité; la relation (non imprimée) de cet acte d'intolérance [1] s'est transmise jusqu'à nos jours dans mainte famille du pays. En 1778,
le Conseil Souverain s'émut de voir le commandement
de la province exercé, en l'absence de M. de Contades,
par les mains acatholiques de M. de Wurmser, et si
cet incident, que l'historien du Conseil lui-même im-
pute au fanatisme religieux, n'eut pas de suites plus
regrettables, il n'en dut pas moins avoir ravivé de lé-
gitimes susceptibilités et réveillé des souvenirs fâ-
cheux [2].

En thèse générale, pour l'intelligence de notre histoire, il ne faut pas perdre de vue que la conquête de
l'Alsace par la France s'est effectuée dans les conditions
les moins favorables et qu'elle a pesé très-longtemps et
très-lourdement sur la province, déjà ruinée par la
guerre de Trente ans. D'un autre côté, la population,
peu encline aux changements, n'était rien moins que

[1] *Species fa ti*, etc. Ms. de 10 à 12 pp.

[2] *Histoire du Conseil Souverain d'Alsace*, par MM. Pillet et de Ney-
remand. Paris, 1860.

docile aux influences nouvelles. « L'Alsace, au moment
» où elle passait sous la domination française, appar-
» tenait à l'Allemagne par la langue, par les habitu-
» des, par les institutions et par les sentiments. Là, le
» peuple tenait, avec l'opiniâtreté du caractère natal,
» à la nationalité de ses pères, les gentilshommes à
» leurs priviléges germaniques et les villes impériales
» à leur libre constitution. Ces affinités, enracinées
» dans le cœur de la masse catholique, étaient plus
» chères encore à une forte minorité luthérienne que
» les traités séparaient du berceau de la Réforme pour
» l'exposer aux périls de l'intolérance religieuse [1]. »

A l'entrée même de la Révolution, les dissensions
parurent s'aigrir. Des deux côtés on redoutait l'avenir
inconnu dans lequel on s'engageait. Le 4 octobre 1789,
deux députés catholiques firent entendre des menaces :
il fallait, disaient-ils, allumer la ville aux quatre
bouts, y faire entrer des gens du dehors et en expulser
les protestants, « la tête en sang [2]. »

Cependant les événements se précipitaient comme un
torrent irrésistible et la face des choses changea. La
Révolution, fille et continuatrice de la Réforme, trouva
dans les partisans de celle-ci les alliés dont elle avait
besoin. En revanche, elle rencontra dans les prêtres
catholiques ses ennemis les plus acharnés. Seulement,
« quand les mauvais jours commencèrent pour le

---

[1] *Histoire du Conseil Souverain d'Alsace*, par MM. Pillot et de Ney-remand. Paris, 1860.

[2] *Mit blutigen Kopfen.* Chronique de Sigismond Billing. (Collection de
M. Ign. Chauffour, ancien avocat à Colmar.)

« clergé non-conformiste, on ne vit nulle part les pro-
« testants se mettre, par esprit de secte, avec les persé-
« cuteurs [1]. »

Après la loi du 18 germinal an X, les partis religieux
se modifient. Les vieilles limites confessionnelles sont
franchies de part et d'autre, et dans l'espace libre entre
les deux Églises, il se forme peu à peu des partis
politiques.

II.

Il convient de mentionner ici un fait dont l'impor-
tance n'a pas été, ce me semble, remarquée suffisamment, je veux parler du progrès de la langue française
dans notre province. Ce qui faisait que nous demeu-
rions à l'écart, c'étaient bien moins nos constitutions
et nos coutumes particulières que l'idiome germanique
dont on nous laissait l'usage. Il arriva par là qu'au
moment de la Révolution, nous ne parlions qu'allemand; à peine si un habitant sur trois cents compre-
nait le français. Quand les Jacobins vinrent et se virent
en présence d'un peuple incapable de les entendre, ils
tombèrent en fureur et révèrent les moyens les plus ra-
dicaux pour mettre un terme à cet état de choses. Ils
parlèrent de déportation, de promenade à la guillotine

[1] *Histoire de la Révolution française dans le département du
Haut-Rhin, 1789-1795, par M. Véron-Réville. Colmar, 1865.*

(pour notre conversion); les plus modérés demandaient que l'on fît échange d'une colonie alsacienne, qui serait transportée à l'intérieur, comme autant de citoyens ne parlant que le français, qui viendraient s'établir en Alsace [1]. Heureusement, nous en fûmes quittes pour la peur : la tempête passa, mais les idées qu'elle avait soulevées subsistèrent et trouvèrent leur application quelques années plus tard. La langue française, déjà obligatoire pour les municipalités et les officiers publics, finit par être enseignée régulièrement dans les écoles et devint la base des programmes scolaires.

C'était un pas décisif dans la voie de l'assimilation. Une langue, en effet, ce n'est pas seulement le langage, c'est encore l'âme même d'une nationalité. Pour penser comme des Français, que nous fallait-il? Penser en français. Rien d'efficace comme le changement de la langue pour la transformation de l'esprit. La langue française était d'ailleurs de toute autre complexion que l'allemande. Elle, depuis longtemps, avait passé le bel âge ; c'était une vieille et respectable dame, instruite, experte, sceptique, qui avait connu Philippe d'Orléans, chansonné Louis XV ; qui avait philosophé avec Diderot, ri avec Voltaire, et finalement mis à la porte ses confesseurs jésuites, car elle abhorrait par-dessus tout la controverse. Mais quand elle parut pour commander, nous n'en crûmes pas à nos yeux. Quoi! c'était là cette marquise bien élevée, polie, poudrée, que nous avions vu minauder et jouer de l'éventail dans les salons de

[1] Véron-Réville, *loc. cit.*

l'intendance? Maintenant elle portait un bonnet rouge
et chantait : *Ça ira*. Quelle musique pour des oreilles
chastes ! Musique étrange, barbare, sauvage et néanmoins entraînante ! Bon gré mal gré nous fîmes cho-
rus et dansâmes cette danse de Saint-Gui, et lorsqu'il
nous fut permis de reprendre haleine, tout avait changé
autour de nous; d'autres figures se montraient aux
fenêtres et d'autres dans les rues. Une Alsace nouvelle
s'apercevait.

Mais ce qui, plus qu'autre chose, acheva notre *fran-
cilisation*, — c'était le terme consacré — ce fut le frot-
tement de la vie militaire et la confraternité d'armes
entre notre jeunesse et celle de France. Le paysan,
l'ouvrier, qui avait servi sous les drapeaux, s'en re-
venait un autre homme. Pouvait-on, lorsqu'on avait
bu à la coupe enivrante, je ne dirai pas de la gloire,
mais de l'orgueil national; lorsqu'on était entré en
vainqueur dans toutes les capitales de l'Europe et
qu'ensuite on avait souffert jusque dans l'être physi-
que des revers de la patrie, pouvait-on penser encore
aux vieux préjugés locaux, ou, en les retrouvant, ne
les dédaigner point? L'armée avait ainsi été pour la
masse du peuple ce qu'étaient pour la classe bourgeoise
le collége et l'académie, c'est-à-dire un lien national,
une école de patriotisme.

Dans une autre sphère, pendant la même période,
les fonctionnaires importaient d'outre-Vosges, person-
nifiaient les idées nouvelles. Imbus de libéralisme, les

représentants de l'administration n'avaient pas encore cette prudence craintive qu'ils ont acquise depuis lors. Affiliés pour la plupart à la franc-maçonnerie, le soir même ou le lendemain de leur arrivée les voyait frapper aux portes de la Loge — chaque ville, chaque régiment avait la sienne — et se mettre en contact avec la portion la plus active de la population. L'on se courbait devant César, mais on n'en restait pas moins les fils de la République.

Ceci dura jusqu'à 1815. Avec la Restauration s'ouvre l'ère de la piété officielle : à son tour, la dévotion eut ses saturnales.

III.

En introduisant dans la discipline militaire un élément confessionnel, on atteignit l'armée précisément dans cette force d'amalgame qui en faisait le plus puissant moteur de l'unité française. Fortifiait-on, en revanche, l'amour de la religion? En aucune façon, car rien n'indispose autant contre elle que de se la savoir imposée. Pas plus en Alsace que dans le reste de la France, les processions et les missions n'ajoutèrent au respect des choses divines; la preuve s'en vit en 1830 quand, aux portes mêmes de la collégiale, un chat mort, lancé on ne sait d'où, s'en vint tomber sur le Saint-

Sacrement [1]. On ne saurait trop le répéter : il est très-périlleux pour la religion de se rendre oppressive; mais il l'est autant pour le pouvoir d'en épouser la cause inconsidérément. Là où tous les citoyens n'appartiennent pas aux mêmes croyances, l'intérêt du pays et de la paix publique est et ne saurait être que dans la stricte neutralité du gouvernement.

Cette vérité, que l'ancienne monarchie n'avait pas comprise et que nous-mêmes ne devons qu'à de cruelles expériences, n'avait certainement pas échappé à la clairvoyance des autorités royales; elle apparaissait, elle éclatait à chaque page de la tradition administrative. Mais il fallait bien faire sa cour et caresser d'augustes faiblesses. On entendit donc, en 1822, à propos d'un complot, le zèle d'un procureur arguer de la division religieuse pour mettre la province en état de suspicion. *Tout retentit ici à l'étranger* [2], s'écriait cet émule des Bellart et des Marchangy, employant ainsi pour les besoins d'un réquisitoire les armes perfides de l'ultramontanisme.

J'ai choisi à dessein cet exemple entre beaucoup d'autres pour montrer d'où pouvait tomber parfois la semence de discordes qu'ensuite on dénonçait. Nous, cependant, nous ne demandions que la tranquillité;

[1] Depuis ce moment jusqu'en 1855, les processions ne se montrèrent plus dans la rue. C'est lors du voyage de l'empereur en Algérie et pendant la régence de l'impératrice qu'elles reparurent hors de l'église.

[2] *Lettre à M. Desclaux, procureur général près la cour royale de Colmar*; décembre 1822, brochure anonyme, 15 pp.

nous l'implorions à mains jointes. Deux invasions, le long séjour des armées ennemies, les années stériles de 1816 et de 1818, l'anéantissement du commerce, les souris en 1822, l'inondation en 1824, tant de fléaux nous avaient ruinés, et nous avions besoin de calme pour réparer nos désastres.

Ce qui soutint l'Alsace durant cette crise, ce furent les fabriques. L'industrie manufacturière, prospère depuis la fin des guerres, commençait à vivifier nos vallées et ajoutait de nouvelles ressources à toutes celles dont la nature avait doué la contrée. Ce qui avait été château, couvent, abbaye, était maintenant filature ou bien tissage.

Les chefs de ces établissements, protestants la plupart, se rattachaient à ce parti mixte, né de la Révolution et qui s'appelait alors la bourgeoisie libérale. En dépit des émigrés, ce parti était tout, tenait tout, remplissait tout. Ayant pour lui les anciens soldats, populaires débris d'un légendaire empereur, ayant les professeurs et la jeunesse universitaire, maître des élections par le cens, il présentait une masse compacte, énorme, prépondérante, que les procédés d'une savante réaction n'avaient pas encore désagrégée. Le seul ennemi dont il eût à craindre quelque chose, c'était le prêtre. Bien plus que la noblesse, le prêtre personnifiait l'ancien régime. Sans lui, qu'était la noblesse, qu'était la royauté? Un fantôme, une ombre. Mais alors le clergé, tellement bruyant, en réalité n'était pas robuste : les plus âgés de ses membres, après tant d'orages, ne

visaient qu'à mourir en paix ; les jeunes, comme à Vé-
retz, tonnaient contre les bras nus et voulaient qu'on
eût des manches de chemise. Cela faisait rire. On rendait aussi le clergé responsable du Père Loriquet, dont
les odieux manuels insultaient à nos malheurs. Ce n'é-
tait pas en Alsace qu'on pouvait « reconnaître dans le
» désastre des Français le châtiment de sacriléges et
» d'atrocités de toute espèce ; » bien moins encore ad-
mettre que notre armée, vaincue par les coalitions, eût
été « dévouée par habitude et par goût à tous les genres
» de crimes et de forfaits [1]. »

Mais on ne remarquait point que le clergé, ne mou-
rant pas, allait toujours croissant. Dans la prévention
qu'on avait contre les religions, on ne voyait pas l'influence de la religion sur le peuple ; on ne s'apercevait
pas que tout ce qui constitue la vie idéale, la poésie, le
théâtre, la musique, le peuple ne le trouvait que dans
l'église. La bourgeoisie, de très-bonne foi sceptique,
ne pouvait croire qu'on pût croire encore. Cela fut sans
danger sérieux tant que dura le suffrage restreint. Mais
quand l'introduction du suffrage universel eut déplacé
la force politique et détruit le privilége électoral dont
vivait la classe dominante, alors se dessina une situation tout autre. Désormais c'était la masse qui allait
régner, et avec la masse, ceux qui avaient prise sur elle,
c'est-à-dire le bonapartiste, le prêtre.

[1] *Histoire de France à l'usage de la Jeunesse*, par X* M* D* G*,
3e édition, tome II, page 325.

IV.

On ne voit pas bien un tableau dont on fait partie,
alors surtout qu'on a l'organe visuel incomplet. Donc il
manquait à la bourgeoisie une qualité essentielle pour
l'intelligence de la psychologie sociale : elle n'avait pas
le sens religieux. Éprise de *positif*, attentive à ses seules
ambitions, elle n'entrevoyait pas comment l'Eglise,
cheminant à petit bruit, regagnait peu à peu, mais
continûment, le terrain qu'elle avait perdu au dernier
siècle. Elle ne songea qu'à ses biens quand il s'agissait
de son existence même et crut avoir pourvu à tout danger en édifiant une dictature. C'était le commencement
de sa fin. Entre le bonapartisme victorieux et le clergé
silencieusement envahissant, qu'était-elle désormais?
Un marchepied, un obstacle, une victime. Le bonapartisme avait eu besoin de la bourgeoisie pour arriver à
ses fins et se servait maintenant du clergé pour tenir
tête à la bourgeoisie. De son côté, le clergé reprenait
sans mot dire l'œuvre interrompue en 1830 et ruinait
cette influence bourgeoise qui était la Révolution deve-
nue chair.

Mais pour qui allait au fond des choses, il était visible
qu'à moins d'une catastrophe externe, l'inévitable moment viendrait où, la bourgeoisie dissoute, l'Empire
se verrait seul en présence de l'Eglise. Or, l'Empire,
c'était aussi la Révolution. Supposer que le catholicisme

vainqueur laisserait debout un symbole, si altéré qu'il
fût, du protestantisme politique — la Révolution n'est
pas autre chose — cela était aussi chimérique que de
rêver pour la classe bourgeoise le rôle d'une noblesse
d'Etat. Les choses ont une force inhérente dont l'action
subsiste à travers toutes les contradictions humaines,
et cette action, voici comment elle se développa chez
nous :

A mesure que l'alluvion politique se délayait dans
le double courant clérical et gouvernemental, le vieux
tuf confessionnel reparaissait. Bientôt, en place de la
bourgeoisie, il n'y eut plus que des bourgeois, et ceux-
ci étaient disséminés dans la masse des électeurs populaires, à peu près comme les groupes protestants dans
la foule catholique.

C'est dans ces circonstances que s'ouvrirent les élections de 1869.

En revenant sur les événements fatidiques de cette
année, je parlerai très-peu des personnalités qui en
furent les acteurs, car c'étaient, je le répète, les principes eux-mêmes, autant et plus que les hommes, qui
se mouvaient sur la scène électorale.

Le député qui jusqu'alors nous avait représentés au
Corps législatif se retirait de l'arène pour laisser le
champ libre à son fils. Elève des PP. de la Malgrange,
doué d'une parole facile, favorisé des sympathies ad-
ministratives tout en se dérobant aux gênes d'un pa-

tronage officiel, le jeune candidat, M. Léon Lefébure, trouvait un sérieux compétiteur dans la personne d'un industriel considéré, membre comme lui du conseil général et comme lui encore, ami de la dynastie régnante. Les chances étaient non-seulement très-partagées, mais semblaient presque acquises à l'opposition, les principales notabilités ne voulant pas laisser tomber la circonscription à l'état de bourg-pourri et personne n'étant très-édifié sur les mérites du candidat sortant. Bien que la scission religieuse, de tout temps prononcée dans nos campagnes, s'y fût surtout accentuée depuis 1866, elle n'avait guère eu l'occasion de s'affirmer dans les villes et d'arborer franchement ses couleurs. On en était donc encore à simplement causer des candidatures, lorsqu'aux premiers jours de janvier, parut dans un journal de Mulhouse [1] une sorte de manifeste du candidat opposant. L'auteur de ce document, en parlant de l'esprit public, qu'il définissait « l'accord qui s'établit entre la majorité des citoyens sur les intérêts généraux de toutes les classes et la manifestation énergique de cet accord, » avait eu le malheur de laisser échapper de sa plume la phrase que voici :

Il faudrait supposer qu'un pays ait été absolument tué moralement, comme la Turquie et les États-Romains, par exemple, par un régime de compression et d'abêtissement, pour que l'opinion publique n'y eût plus aucun ressort.

Une telle proposition, qui ne trouvait d'excuse que

[1] *L'Industriel alsacien.*

dans cette ignorance des choses religieuses propre
à la bourgeoisie libérale, n'était pas seulement profondément regrettable; dans l'état des esprits, c'était la
pire faute que pût commettre un candidat. Immédiate-
ment reproduite dans l'organe de la candidature offi-
cieuse, où elle était précédée d'une longue instruction
en *cicéro*, elle fut répétée sur tous les tons, pour
ainsi dire cornée, tambourinée dans toutes les communes du département pendant les quatre mois entiers qui
nous séparaient de la période électorale. Et comme
l'imprudent écrivain se trouvait être protestant, l'appréciation qu'il s'était permise du gouvernement temporel des Papes fut imputée à une prétendue haine de
la religion catholique.

La profession de foi publiée dans la feuille mulhou-
sienne demandait, entr'autres réformes découlant du
programme démocratique, « l'enseignement public,
obligatoire et gratuit, dégagé de tout caractère confessionnel, de telle sorte que les enfants d'une même commune pussent être élevés ensemble sans distinction de
culte; — l'éducation religieuse exclusivement réservée
aux ministres des divers cultes, en dehors des heures
de classes; — le choix des instituteurs attribué aux
municipalités et la faculté pour chacun d'ouvrir des
écoles libres, en se conformant aux prescriptions de la
loi. »

De semblables vœux, damnables au regard de la doc-
trine romaine, étaient moins que jamais bien-venus à la

veille du concile. Le journal catholique l'*Alsace* [1], notoirement rédigé par des ecclésiastiques du Gymnase épiscopal de Colmar, les interpréta à sa manière en imprimant « que dans la pensée du manifeste, la Religion devait être entièrement bannie de l'Ecole ; qu'il devait être interdit même dans les écoles de communes exclusivement catholiques, exclusivement protestantes, exclusivement israélites, de dire aux enfants un seul mot de la religion dans laquelle ils sont nés ; que les municipalités. devaient être dépouillées de leur droit d'option et les Frères et les Sœurs chassés des écoles communales. »

Vainement le malheureux candidat protestait-il de la pureté de ses intentions, de sa tolérance ; en vain répétait-il qu'on lui faisait tort : « Déclarer aux électeurs qu'il réclamait l'enseignement *laïque* obligatoire et gratuit, était-ce le calomnier ? » demandait l'*Alsace* avec d'autant plus d'insistance qu'il est impossible de toucher à cet ordre de questions sans offenser l'Eglise. La querelle s'envenima de plus en plus : bientôt il fallut que la population catholique du canton de Munster intervînt pour déclarer publiquement qu'il n'était pas vrai que son maire fût un « despote » et qu'il tourmentât et opprimât indignement ses subordonnés « et *notamment les catholiques.* »

[1] L'organe de la candidature libérale était le *Journal de Colmar*, fondé par M. F. Hartmann et dirigé par M. V. Ritzinger, ancien collaborateur du *Temps* et de l'*Indépendant rémois*. La partie non politique était signée d'un nom israélite, circonstance qui fut largement exploitée auprès des électeurs catholiques de la campagne.

Quelle sensation pour nous, élevés dans la haine des discordes religieuses, de voir en plein dix-neuvième siècle, 300 ans après la Réforme, 80 ans après 1789, une affiche comme celle-ci :

PROTESTATION

DES

BOURGEOIS CATHOLIQUES DE MUNSTER

CONTRE

LES ATTAQUES ET LES CALOMNIES

DONT

M. FRÉDÉRIC HARTMANN A ÉTÉ VICTIME.

Ce BOURGEOIS CATHOLIQUES sentait son seizième siècle à faire frissonner.

Nous étions encore sous le coup de l'émotion, lorsqu'éclata le *Manifeste d'un électeur aux électeurs* [1]. On y lisait, entre autres passages, les lignes suivantes :

..... En 1869, honte et malheur à ceux qui se paient de mots. La question électorale est simplement, uniquement politique entre candidats qui respectent les droits de la famille, les droits de l'Église, les droits du Saint-Siége.

[1] Par M. l'abbé Ch. de Humbourg, ancien directeur du collége libre de Saint-Arbogast à Strasbourg, curé de Liépvre, broch. de 8 pages, Saint-Dié, typog. Ed. Trotot, 1869.

Une fois la Religion sauve ;

Une fois l'Eglise traitée comme elle doit l'être ;

Une fois le Pape inattaquable ;

Messieurs, disputez-vous à propos du budget, du libre-échange...
rien de mieux...

....

Protestants ! vous êtes chez nous en France, comme en Prusse nous sommes chez vous. En France, votre intérêt consiste à choisir un citoyen conciliant, qui maintienne de toutes ses forces le temporel papal. La main qui ébranlera la principauté apostolique dans Rome, aura-t-elle le pouvoir de sauver le trésor de Saint-Thomas dans Strasbourg ?

Monsieur Hartmann, en attaquant la Religion (!), vous la forcez à se défendre. Par votre faute, votre très-grande faute, l'élection, jusqu'ici politique, s'élève à la hauteur d'une fonction sacrée................

..... Vous inventez les écoles *officiellement* irréligieuses, *essentiellement laïques* et légalement *obligatoires*....................

..... Morale plate, dogme vide, libéralisme despotique et creux : voilà le patrimoine *intellectuel* et *officiel* de nos enfants. Ah ! Monsieur Hartmann, vous ne voyez pas que par un élan subit et sublime, cette urne vulgaire, que vous assiégez de vos prétentions, se dérobe à votre regard, à vos sophismes, et va planer entre le Thabor et le Golgotha......... ....

Jésus-Christ, que vous bafouez dans son Vicaire, que vous écartez dans ses ministres, que vous mutilez dans ses enfants, se présente devant vous, à la foule des Electeurs de la circonscription de Colmar. C'est lui ! ECCE HOMO ! Le drame antique recommence. Le Sauveur sortira du scrutin, crucifié par vous, ou transfiguré par nous.

..... Il faut marcher au scrutin, tous comme un seul homme, et combattre énergiquement notre adversaire. C'est là l'aumône que Pie IX nous demande aujourd'hui au nom du Christ, son Dieu et le nôtre.

Vous pouvez juger de l'effet de ce manifeste répandu par milliers dans les campagnes. S'adressant à une population inflammable sur toutes les choses religieuses, réveillant l'antique antagonisme mal assoupi depuis la Révolution, il devait soulever la tempête. C'est ce qui arriva.

V.

Les élections étaient fixées au dimanche 23 et lundi 24 mai.

Le 23, à minuit, l'heure des coups d'Etat, un nombre considérable de voitures, silencieusement rassemblées sur une place retirée de la ville, partirent de Colmar, emportant des émissaires munis d'une lettre confidentielle et d'affiches. Ces émissaires se rendirent dans diverses communes, en éveillèrent les curés et leur remirent les pièces dont ils étaient porteurs. La lettre [1] parlait des intérêts sacrés de la cause catholique ; dans les affiches, il était question d'ami et d'ennemi du Pape [2].

[1] En voici des extraits :

« Monsieur le curé,

» Permettez-nous, au dernier moment, *au nom de la cause catholique* » *et des intérêts sacrés* qui sont en jeu, etc..................... ....
....

» Veuillez, monsieur le curé, nous pardonner ces instructions inspirées par » le désir ardent de voir incontestable et assuré *le succès de la cause catho-* » *lique.*

» Au nom du comité,
» L'abbé GUTBLIS,
» professeur de philosophie au gymnase
» catholique de Colmar. »

[2] Elles se terminaient ainsi :
....

« Electeurs catholiques, vous connaissez l'ami et l'ennemi du Pape. Votre » vote prononcera entre les deux.

» Le comité électoral de Colmar. »

Le résultat fut celui qu'on pouvait prévoir : la candidature catholique vainquit avec une majorité de 18,000 voix, contre 12,000 qui furent données à son adversaire.

Dans les trois autres circonscriptions du Haut-Rhin, les candidats soutenus par le clergé l'emportèrent également même sur ceux que recommandait la préfecture : MM. Tachard, Keller et Viellard-Migeon triomphèrent de MM. Jean Dollfus [1], Aimé Gros [2] et de Reinach [3], au grand désappointement du préfet, qui n'avait pas vu clair un seul instant.

Dans le Bas-Rhin, quatre candidats officiels sortirent de l'urne; l'un d'eux, quinze jours après le scrutin, adressa aux curés de sa circonscription une lettre de remerciments pour la part qu'ils avaient dans sa victoire.

Voici des extraits de cette lettre :

Reichshoffen, 6 juin 1869.

Monsieur le curé,

Je vous demande pardon d'avoir tant tardé à vous remercier de la part que vous avez prise à mon succès.

Je sais le rôle prépondérant que l'influence du clergé a exercé dans mon élection....

Je n'oublierai jamais mes vrais amis, ceux qui m'ont soutenu jusqu'au bout et dont les efforts sympathiques ont été couronnés par une imposante majorité de 9,000 voix....

[1] Maire de Mulhouse.

[2] et [3] Députés sortants.

Il y avait chez nous des catholiques; il y a maintenant, j'en ai l'espoir, un parti catholique. Il ne tiendra qu'au clergé de le constituer fermement en poussant toujours en avant des hommes de notre bord dans toutes les positions.

Recevez, monsieur le curé, etc.

Signé : DE LEUSSE.

Une des influences qui avaient le plus contribué, dans le Haut-Rhin, à l'échec essuyé par l'administration, ainsi qu'à la surexcitation des esprits, était une petite feuille allemande, intitulée : *Der elsæssische Volksbote* (le Messager du Peuple alsacien) et rédigée en grande partie par des ecclésiastiques connus. Elle s'imprimait à Rixheim, dans l'arrondissement de Mulhouse et comptait ses abonnés par milliers. Conçu très-habilement au point de vue de ses opinions, ce journal parlait admirablement la langue populaire; il excellait à se mettre au niveau de son public, savait à propos verser dans la discussion ce grain de poivre qui en assaisonne la fadeur; il connaissait à fond l'art de flatter les passions d'en bas sans fournir de griefs positifs à de vigilantes sévérités. Peu de personnes, d'ailleurs, dans la classe bourgeoise, savaient assez d'allemand pour le lire d'une manière suivie, et nul, dans la classe inférieure, assez de français pour le traduire. Ajoutons qu'on ne le voyait guère : pas un café, pas une brasserie de la ville ne le recevait.

Pour le *Volksbote*, il n'y avait de bons citoyens que les catholiques, c'est-à-dire ses catholiques, ceux qui marchaient avec lui. Le reste, c'étaient des brebis galeuses, des loups voulant forcer la bergerie. *Qui n'aime point Cotin ne chérit pas son roi.* Combattre le *Volksbote*, avoir souci moins de Rome que de la France, autant passer à l'ennemi.

« Nous voulons, disait-il en 1869, des députés ca-
» tholiques, parce qu'il s'agit de la religion dans la
» question de Rome, dans la question de l'enseigne-
» ment libre et *dans beaucoup d'autres questions....*
» Nous voulons des députés catholiques, parce que le
» Haut-Rhin n'est pas encore un Mulhouse et qu'il
» n'est pas davantage une fabrique!... Nos adversai-
» res nous appellent ultramontains, parce que nous
» sommes des adhérents du pape, qui demeure outre-
» monts. A ce compte, nos *amis de la Prusse* (preus-
» sisch - gesinnten) pourraient s'appeler *ultrarhénans*
» (überrheiner), parce que leur pape berlinois habite
» avec le cardinal Bismark par-delà le Rhin [1]. »

L'odieuse accusation que renfermaient ces paroles trouva créance avec d'autant plus de facilité, que les citoyens qu'elle atteignait se montraient moins intraitables sur la question romaine ; ils étaient donc francs-maçons et vendus [2], car franc-maçon, protestant, juif, païen, Prussien, c'était, sous plusieurs noms, une seule et même chose, la trahison.

[1] *Volksbote*, n° 24, du 15 mai 1869.

[2] L'ITALIE, CE BEAU GARÇON. — Il y a maintenant dix ans que le royaume d'Italie est venu au monde. Pour le baptême, l'enfant ne l'a pas

VI.

Les nécessités créées à la politique intérieure par la campagne plébiscitaire aggravèrent encore la portée de semblables imputations : l'accord apparent de la préfecture et du clergé ne semblait-il pas faire des adversaires d'une Église les ennemis de la dynastie elle-même ! Telle est toujours l'interprétation que reçut le scrutin [1], car la proportion respective des suffrages avait encore une fois réflété celle des croyances. Mais il y avait pis. Tandis qu'à Colmar le résultat du vote mar-

reçu, mais les frères de la truelle et du tablier, leur grand-maître Garibaldi en tête, ont fait autour de lui diverses manœuvres et cérémonies devant figurer un baptême. Le père, Victor-Emmanuel, avait fait jeter par ses ministres des dragées d'or aux héros de la presse, ce qui avait plu si fort à ces gens-là qu'ils s'étaient mis à crier à plein gosier : O le beau garçon que ce royaume d'Italie, etc......

A présent, le beau garçon a dix ans. Qu'est-il devenu ? Un mauvais gueux, un chenapan...... Nous voulons espérer que nos députés, en arrivant à Paris, parleront comme voici : Monsieur le ministre, les hommes qui nous ont donné leurs voix nous ont imposé la condition de vous dissuader de votre tendresse de parrain pour le jeune gars italien. Et si nos paroles ne sont pas écoutées, nous ne voterons plus un franc de budget, que ce bel accord n'ait pris fin. Le monde est las de s'entendre promettre à nouveau chaque année ce que chaque année on a l'intention de ne pas tenir. *(Ibid.)*

[1] Le *Volksbote* avait dit sans détour : *Ja ist katholisch, Nein ist protestantisch.*

Très-peu de temps après le plébiscite, la gendarmerie du Haut-Rhin dut faire une enquête sur les chances de popularité d'une guerre avec la Prusse. Ai-je besoin de dire que les réponses de nos campagnards furent absolument négatives !.

quait une meilleure entente de la situation [1], à Mulhouse il paraissait indiquer une rupture entre les fabricants et leurs ouvriers [2].

Les pressentiments qu'on eut à cet égard ne furent que trop tôt justifiés. Le vendredi 8 juillet, éclata une des grèves les plus considérables qui se fussent produites en France et qui n'était que le prélude d'une explosion plus vaste. Fileurs, tisserands, imprimeurs, journaliers, mécaniciens, maçons, tailleurs de pierre, charpentiers, menuisiers, peintres, cessèrent simultanément de travailler. Des bandes nombreuses se mirent à parcourir la ville, puis se dirigèrent vers la forêt du Thannenwald, où, dans la première effervescence de leur résolution, des ouvriers, et surtout des ouvrières, se livrèrent publiquement à des excès de boissons, à des obscénités et à des scènes de débauche. Au retour, des cris furieux et des menaces furent proférés contre les propriétaires d'habitations de plaisance édifiées sur le coteau qui domine Mulhouse.

Le même jour, des groupes de grévistes, conduits par des meneurs résolus, pénétrèrent de force dans les établissements où le travail continuait encore, en arrêtèrent les moteurs et contraignirent leurs camarades à se joindre à eux. Dans la soirée, dans la nuit, proclamation du préfet, accouru de Colmar ; arrivée des cui-

---

[1] Il y avait 1,630 non contre 1,748 oui. En 1869, la candidature victorieuse avait obtenu 2,165 voix, et l'autre 1,399.

[2] Voix données à M. Tachard en 1869 : 9,827. Oui, 10,465; non, 4,411.

rassiers d'Huningue, de plusieurs bataillons d'infan-
terie et des diverses brigades de gendarmerie. Le lendemain, les meneurs partent de Mulhouse, dans diffé-
rentes directions, pour Guebwiller, Thann, Cernay,
Saint-Amarin; deux escadrons de lanciers de la gar-
nison de Brisach, mandés par dépêche, traversent
Colmar.

C'est au retour de nos vallées que ces soldats mar-
chèrent à la frontière.

Ici, cependant, l'excitation était terrible. Le bruit
courait, et la masse le croyait, que les protestants ven-
daient la France. Le *Volksbote* lançait une calomnie
qui pouvait devenir meurtrière [1]; on écrivait à l'*Électeur souverain* [2] que dans plusieurs paroisses des envi-
rons de Mulhouse on prêchait la guerre sainte; on
racontait qu'à Wintzenheim, des individus avaient

[1] MUNSTER. — EN ALSACE ET POURTANT PRUSSIENS. — On nous écrit:
« Le jour de prière édicté par l'évangélique et pontifical roi de Prusse a
été observé dans une commune de notre vallée avec la piété la plus fervente.
Le *Volksbote* voudra bien ne pas laisser échapper cette occasion de faire
connaître, pour l'édification générale, ces beaux sentiments de notre vallée.
Les pasteurs de Strasbourg ne sont, auprès des nôtres, que des écoliers. »
(*Volksbote*, n° 36, 6 août 1870.)

[2] .... « Du haut de la chaire, on leur crie : la guerre, la guerre
sainte, la guerre aux hérétiques et aux mécréants, la voilà donc venue. Que
chacun s'arme pour la bataille, même les femmes et les enfants. Et quand
nous aurons battu les Prussiens, alors ce sera le tour des hérétiques et des
mécréants dans le pays même!
» Voilà comment, dans notre belle Alsace, on fomente la guerre civile!
» Nous pourrons citer les communes où se tiennent ces discours homici-
des. » — (Dr Schlatter.)
(L'*Électeur souverain*, n° 12, 6 août 1870.)

poussé des cris de mort, en arrêtant une voiture qu'ils prenaient pour celle du candidat protestant. Dans une localité voisine on menaçait d'incendie ceux qui, en 1869, avaient voté pour lui.

C'est au milieu de toutes ces angoisses qu'on entendit le canon de Wissembourg et de Reichshoffen.

Mon cœur se serre et ma plume hésite au souvenir de ces jours d'épouvante. Chose poignante à dire : Dans ces moments de deuil où, comme une immense nuée dans le ciel assombri, l'Allemagne s'avançait couvrant de ses noires phalanges le sol de la patrie, dans ces heures néfastes, ici la défiance et le soupçon régnaient [1]!... Et le plus affreux dans cette méprise fatale, c'est que les mêmes violences que les protestants redoutaient de la part des catholiques, beaucoup de ceux-ci les craignaient de la part des protestants ! Voilà où l'on nous avait menés ! Voilà ce qu'avait pu produire une confusion à jamais déplorable entre les choses de la politique et celles de la foi ! Puisse du moins une si terrible leçon n'avoir pas été stérile !

VII.

L'ennemi, par bonheur, ne nous trouva pas divisés. L'invasion du Haut-Rhin n'eut lieu que deux mois après

[1] Les choses avaient été au point que dans le village protestant d'Irbsheim il fut procédé à une enquête sur la fidélité politique de quelques habitants.

nos premières défaites. Dans l'intervalle, une détente avait
pu s'opérer. L'universelle douleur avait calmé les méfiances, et tacitement l'on s'était rapproché. Quand nous
fûmes à Horbourg [1], à la rencontre des Badois, c'était
unis dans une même pensée de renoncement et en rap-
pelant aujourd'hui tous mes souvenirs, il me serait dif-
ficile de déterminer s'il y avait alors dans nos rangs —
toute proportion d'ailleurs gardée — plus de catholiques, ou plus de protestants ou plus de juifs. Ce fut,
dans toute la réalité du terme, un pacte de réconcilia-
tion, conclu dans le péril, scellé devant la mort (deux
des nôtres avaient péri) et qui fut renouvelé un an après
dans une cérémonie commémorative en l'honneur des
victimes. Ainsi, le sentiment national restait seul debout, et cela devait être lorsqu'on avait sous les yeux
Strasbourg, Schlestadt, Neuf-Brisach, incendiés.....
C'est au retour de Neuf-Brisach que les mobilisés de
Colmar se mirent en route pour Lyon [2].

Tout le monde haïssait les Allemands. Ceux-ci, du
reste, c'est justice à leur rendre, déployèrent une inha-
bileté peu commune. A la police, avant d'entendre les
gens : « De quelle confession êtes-vous? — Catholique.
— Et vous? — Catholique. — Et vous? Aïe! tout ici

[1] Le 14 septembre 1870.
[2] Avec les Mulhousiens, ils formèrent les premiers bataillons de la 1re lé-
gion d'Alsace-Lorraine. Moins de trois semaines après, il y avait dix mille
Alsaciens-Lorrains dans le chef-lieu du Rhône.

est donc catholique [1] ! » En dépit de toute l'agitation des deux dernières années, de pareils procédés étaient inconnus dans l'administration française, et ceux qui s'en montrèrent le plus irrités, ce furent justement les protestants.

On ne pouvait les blesser plus profondément, puisqu'on donnait par là une apparence de justification à d'odieuses calomnies et qu'on perpétuait jusque dans les douleurs de la conquête le funeste malentendu des précédentes années. Se sentir suspecté dans son patriotisme, alors qu'on voyait sa ruine dans la chute de la patrie, cela était deux fois cruel, car, je le répète, le haut commerce et l'industrie de l'Alsace sont en majeure partie protestants. C'est dans notre métropole manufacturière, il est bon de le rappeler, c'est à Mulhouse qu'est née cette insaisissable *Ligue alsacienne* qui a donné et qui donne encore aujourd'hui tant de tablature à la police allemande.

Sans rien livrer du secret de cette petite feuille hardie, je puis bien déclarer que ce n'est pas dans le parti plébiscitaire et ultramontain de 1869 et de 1870 qu'elle a trouvé ses inspirateurs et ses premiers apôtres. Le mouvement occulte qui a poussé, en 1872, tant de monde aux bureaux d'option et qui vient de s'affirmer avec non moins d'énergie dans nos élections pour le Reichstag, procédait manifestement de deux influences distinctes, l'une toute politique et l'autre plutôt reli-

[1] La population de Colmar, qui est de 23,000 habitants, comprend environ 18.000 catholiques.

gieuse. La première, d'origine libérale, c'est-à-dire bourgeoise et protestante, s'exerçait par la *Ligue;* la seconde se traduisait par des miracles et par des prophéties. Il y avait donc là deux courants, primitivement divergents, encore aujourd'hui contraires dans leur essence, et qu'un cataclysme avait seul pu jeter dans le même lit. C'est précisément ce double caractère de la résistance anti-allemande qui démontre l'unité du patriotisme alsacien, et je ne sache pas de meilleure réplique aux perfidies d'un *Volksbote.*

D'où vint maintenant le premier acte de division? Des protestants? Nullement. Au mois de novembre 1871, — dans l'année même du traité de cession, — l'on apprit tout à coup que le clergé catholique d'Alsace venait de présenter une adresse à l'empereur d'Allemagne. « Lui aussi, s'écriait joyeusement la gazette allemande de Strasbourg, lui aussi se tourne vers l'empereur! » Dans une pétition publiée tout au long par la *Germania* et reproduite par le *Courrier du Bas-Rhin,* sept cent quatre-vingt-dix-sept ecclésiastiques exposaient à Sa Majesté Impériale et Royale « qu'à la vérité le peuple d'Alsace, attaché avant tout à Dieu et à l'Église, avait craint d'abord que la domination nouvelle ne le blessât dans ses sentiments pieux, mais que lui clergé s'était donné la peine de dissiper ces appréhensions *(dass aber die Geistlichkeit sich bemühet hatte diese Besorgnisse zu zerstreuen).* » Cette pétition, que demandait-elle? Six choses : 1° Liberté de la presse ca-

tholique en Alsace-Lorraine; 2º protection des ordres
religieux; 3º droit d'option pour les municipalités entre
les instituteurs laïques et les congréganistes; 4º protection des Sœurs de charité; 5º maintien de la con-
fessionnalité des écoles, et 6º protection des instituteurs contre la pernicieuse influence des sociétés se-
crètes.

Une semblable démarche faite à ce moment-là, si peu
de temps après l'acte fatal, quand on était encore dans
la première âcreté d'une patriotique douleur, cette démarche blessa profondément les cœurs. Eh! quoi! pour
avoir trop tôt exprimé qu'il fallait pourvoir à la situation, veiller aux intérêts de la province [1], l'ancien chef
du parti laïque s'était vu traîner dans la boue et cons-
puer par la *Ligue*, et maintenant, du côté opposé, le
clergé d'Alsace tout entier s'adressait à l'empereur
d'Allemagne et reconnaissait ainsi publiquement la
nouvelle souveraineté qui s'imposait à nous! Il déclarait avoir calmé les méfiances du peuple d'Alsace!
Et sa pétition, mystérieusement, avait circulé de presbytère en presbytère, avait recueilli dans l'ombre, succes-
sivement, sept cent quatre-vingt-dix-sept signatures!
Le bouleversement de nos lois, la proscription du français dans nos écoles, l'introduction immédiate du ser-

[1] *Procès-verbal de la séance tenue à la Mairie de Colmar le 24
mars 1871, pour délibérer sur les mesures à prendre en vue de sau-
vegarder les intérêts alsaciens au point de vue des conséquences de
l'annexion;* br. in-4º, 19 pp. Strasbourg, 1871.

vice militaire, les fièvres de l'option, les amertumes de
tant d'adieux; toutes ces causes firent que la démarche
du clergé d'Alsace demeura comme ignorée; mais elle
ne fut pas inaperçue, et nous en verrons plus tard le
contre-coup.

VIII.

Quand la période d'option fut écoulée, qu'au lendemain du jour fatal, nous nous vîmes forclos irrévoca-
blement, chacun se prit à réfléchir. On commença à
penser qu'il était temps de songer à notre avenir, à
l'avenir de nos enfants; l'on se rappela qu'on avait des
lois, des institutions qu'il fallait conserver, une forme
républicaine dont il importait de garder le dépôt. Mais
comment agir? Il nous semblait avoir perdu notre
sang; nos muscles n'avaient plus leur ressort;
l'émigration nous avait pris le meilleur de nos
forces. Durant plusieurs mois encore, nous fûmes
comme le malade inerte sur sa couche, nous reportant
en esprit vers les absents, fils, frères, amis, désormais
étrangers dans leur pays natal, et, inattentifs aux Allemands, nous suivions d'un regard ému le progressif
relèvement de la France. Combien nous aimions ce
glorieux vieillard dont la bienfaisante main savait si
bien panser les plaies de notre patrie! Avec quelle vé-
nération nous parlions de lui! Et combien aussi jouis-

sions-nous du respect que les Allemands, oui, les Prussiens mêmes, ces envieux, témoignaient pour ce grand citoyen! Puissance d'un patriotisme pur! L'estime que, prospère et forte, la France s'était parfois vu refuser de ses voisins, la France vaincue l'arrachait à leur admiration.

Un événement soudain, qui fut comme un coup de feu près de notre chevet, nous tira de notre léthargie : le peuple de Paris venait de faire échec à M. Thiers en lui députant l'ancien maire de Lyon. Ce qui s'écrivit alors dans les journaux pour et contre ce vote vous l'avez lu aussi bien que nous; ce que vous en avez conclu, nous l'ignorons. Ici personne, j'entends personne de réfléchi, ne comprit quelles raisons pressantes avaient bien pu déterminer des républicains, des Français à repousser les vœux de l'homme qui libérait la France et qui fondait la République. On lui reprochait certaines concessions, mais les avait-il faites volontairement? Pouvait-il même, devait-il les refuser, tant que le territoire ne serait pas évacué? Au reste, nous n'eûmes pas à longtemps méditer sur les conséquences de cette élection. La révolution parlementaire du 24 mai retentit jusque dans nos campagnes les plus retirées. Le lundi 26 mai, l'on ne voyait que curés en voyage et publiquement se félicitant de la bonne nouvelle. On se souvint alors de leur hâtive pétition du mois de novembre 1871.

A partir de ce moment, quiconque avait des yeux pour voir put observer une disjonction graduelle des

éléments français et libéraux. Le parti que ces éléments
formaient par leur réunion se scinda, et il y eut, à côté
d'un parti *français*, un parti *autonomiste-alsacien*.
Bientôt ce dernier, à son tour se dédoublant, on
aperçut derrière lui une fraction purement protestante.
C'était une réplique au fracas des pèlerinages.

Cette décomposition de l'Alsace libérale équivalait à
celle de l'Alsace française elle-même. La seule force
politique qui fût debout désormais c'était la masse
catholique, toujours organisée, disciplinée sous ses
chefs ultramontains.

Cependant les hommes qui avaient lutté jadis pour
la bonne cause, ces hommes étaient toujours présents ;
les intérêts moraux également subsistaient, pour lesquels
ils avaient combattu ; seulement on se demandait si,
devant le fait brutal de la conquête, ces intérêts con-
servaient quelque valeur et si, notre nationalité nous
étant arrachée, ils valaient encore la peine d'être dé-
fendus. Posée d'une manière plus objective, la question
était celle-ci : Fallait-il chercher à constituer l'Alsace ?
Le parti français, là-dessus, répondait négativement et
n'admettait d'autre rôle pour l'Alsace que celui d'une
Pologne ou d'une Vénétie. D'après les autonomistes,
au contraire, et d'après leurs amis protestants, notre
impérieux devoir était, non de nous abstenir, mais
d'organiser l'Alsace, de substituer à la dictature qui
l'étouffait une forme de gouvernement normale et de

revendiquer pour elle la plus large indépendance possible. Détachés de la France, disaient-ils, et jetés par
force dans un Etat nouveau, nous devions défendre ce
qui nous restait encore, et l'Alsace française ayant été
perdue, tâcher de saûver au moins l'Alsace alsacienne.

Mais, réclamer des envahisseurs telle ou telle liberté,
n'était-ce pas reconnaître leur autorité, sanctionner le
fait accompli? Prendre part, sous prétexte d'autonomie, à l'administration du pays, n'était-ce pas être
complice de l'annexion et trahir la France? « Nous ne
» sommes, avait dit la *Ligue d'Alsace* en 1871, et ne
» devons être que des *vaincus*, entièrement étrangers
» à la confection et à l'application des lois qu'il plaît
» au vainqueur de nous imposer. Et nous combattrons
» ceux qui, se disant *Alsaciens*, croient servir leur
» pays en entrant en composition avec l'ennemi, parce
» que ces compromis, souvent inspirés par le meilleur
» esprit, sont le plus dangereux acheminement à la
» germanisation. » Donc, point d'autonomie. La protestation incessante, la résistance morale, voilà quelle
devait être notre attitude. Adoptée par la plupart des
feuilles ultramontaines et par quelques organes démo-
cratiques, cette déclaration passa pour le cri de l'Alsace
elle-même, et l'autonomie dès lors fut réputée trahison.
Accusés de collusion, inconsciente ou volontaire, avec
M. de Bismark, les adhérents de cette opinion se virent
dénoncés, bafoués, flétris sans relâche par la *Ligue*, par
l'*Univers*, par le *XIXe Siècle* et par la *République fran-*

çaise. Ils eurent beau démontrer la nécessité de songer à l'avenir, à l'avenir de nos enfants, signaler, comme danger de l'abstention, notre incorporation pure et simple au royaume de Prusse ; tous leurs arguments vinrent échouer contre le parti-pris de leurs adversaires et ce fut un point acquis que l'autonomie n'était qu'un leurre, illusion faite pour tromper les uns, et pour les autres, moyen dissimulé d'opérer leur jonction avec l'ennemi. La plupart des autonomistes étaient libéraux ou protestants ; les écrivains cléricaux en conclurent que l'autonomie était une machine luthérienne contre le catholicisme et contre la France.

Ce dernier trait, si la presse démocratique avait eu quelque notion de notre province, aurait éveillé en elle des doutes et modéré ses jugements. Elle se fût alors souvenue que ceux qu'on lui faisait inculper de félonie étaient les mêmes qu'on avait présentés comme traîtres à la patrie pour avoir voté *non* au plébiscite et condamné la déclaration de guerre. Peut-être ensuite, étudiant nos particularités, se fût-elle aperçue de choses que les autonomistes ne pouvaient dire à haute voix : que notre division confessionnelle, autant que notre langue, autant surtout que notre tempérament, nous rendait impropres à la *vendetta* ; que l'esprit français, par suite de révolutions trop fréquentes, n'avait guère pénétré que les couches supérieures de la population, et qu'à part la bourgeoisie, latine par culture, la masse du peuple n'était française que par les charges civiques, par le service militaire et par l'impôt. Et déduisant de ces remarques la leçon qu'elles suggéraient, la *Ligue*, la *République française* et le *XIXe Siècle* se fussent, sinon rapprochés des autonomistes, du moins abstenus, à l'exemple du *Temps* et du *Journal des Débats*, dans l'épineux litige où la compétence leur manquait.

Mais leur siége était fait, et d'ailleurs la réflexion, comme la justice, ne vient que d'un pied boiteux, quand le mal est consommé. Aveuglé par la passion, le parti français perdit toute clairvoyance ; il ne vit pas que son acharnement contre les autonomistes préparait une victoire ultramontaine, dont la réaction ne se ferait pas attendre. Persuadé aussi que les ultramontains étaient les ennemis-nés de l'Allemagne, il s'unit avec eux sans scrupule, avant même d'être fixé sur leurs projets. Le résultat fatal de ces circonstances fut qu'à l'entrée des élections, nous nous trouvâmes former deux camps moins nationaux que religieux : d'une part, la masse catholique et ultramontaine avec le parti français ; de l'autre, les Alsaciens-autonomistes avec une phalange protestante. Ce qui était arrivé en 1869 se répéta : la question fut déplacée dès le début et, de la sphère politique et nationale, transportée sur le terrain confessionnel. Ce qui se trouva en présence, ce ne furent plus simplement la France et l'Allemagne, mais le Catholicisme et la Réforme mêmes.

Toutefois, n'allez pas croire que les choses se soient montrées dans ces contours précis : formulées d'une manière extrême, elles eussent effarouché quiconque n'était pas ultramontain. Les partisans de l'autonomie ne voulaient pas d'une querelle religieuse, et tous les candidats de la protestation n'étaient pas catholiques. Mais une lutte est ce qu'elle devient et non ce qu'on voudrait qu'elle fût. Les ultramontains, qui ne visaient qu'à fortifier le Centre catholique au Reichstag et qui avaient besoin pour cela de gagner le plus de siéges possible, n'eussent pas atteint leur but suffisamment, si le litige s'était maintenu dans sa limpidité politique.

Laissant donc les journaux parisiens et la *Ligue* faire leur vacarme autour de la question nationale, ils préparèrent comme ils l'entendaient leur terrain, purent à la faveur de l'agitation se concerter entre eux et rien qu'entre eux, prendre pied dans les circonscriptions, formuler enfin leur programme dans des professions de foi qui ne péchaient certes point par excès de patriotisme français. Le signal du mouvement fut donné le 15 janvier, par Mᵍʳ l'évêque de Strasbourg en personne, dans un mandement adressé à tous les curés du diocèse. Sa Grandeur ne parlait ni de protester ni de consulter les populations. Sa Grandeur voulait que tout bon catholique allât voter, et surtout bien voter.

« Comme les plus saints intérêts sont en jeu, disait Mᵍʳ Ræss, nous regarderons comme n'étant pas dignes de notre confiance *tout autant les ennemis de la patrie et ceux qui n'ont pas de religion,* QUI NE CONNAISSENT NI LES BESOINS NI LES DROITS DE NOTRE TERRE PATERNELLE ET DE NOTRE FOI CHRÉTIENNE. »

Hors la question religieuse, Monseigneur se déclarait ainsi implicitement pour l'autonomie ; nous allons voir la plupart des candidats ecclésiastiques le suivre sur ce terrain.

Assurément les besoins et les droits de la terre paternelle signifiaient toute autre chose dans la bouche de l'octogénaire prélat que dans celle des autonomistes libéraux : mais la différence, au fond, ne portait que sur l'appréciation des droits de l'Eglise, et la question de nationalité restait hors du débat. L'intérêt majeur du clergé n'était pas du tout de protester contre l'annexion (toute puissance, après tout, vient d'En-haut), mais d'aller rejoindre ses coreligionnaires politiques sur les bancs du Reichstag, afin d'y combattre avec eux pour la défense de l'Eglise. A ce point de vue, l'on peut même ajouter que la conquête devait cesser de lui paraître funeste, puisqu'elle lui-permettait de lutter pour la bonne cause là même où la bonne cause avait besoin de renforts.

Ce n'est pas dans la presse libérale, on le conçoit maintenant, ni dans la *Ligue d'Alsace*, mais dans les brochures plus spécialement catholiques, que se révèle la pensée vraie de nos élections. En voici, par exemple, une, imprimée à Strasbourg, chez Le Roux, et qui a été répandue par centaines de mille exemplaires. Elle a pour titre : *Les Elections au Reichstag pour l'Alsace-Lorraine*, et est signée : Un électeur lorrain. Lisons-la :

Les élections prochaines doivent être une protestation énergique contre le système politico-religieux dont nous sommes menacés.

Nous avons à défendre par les élections l'*unité* de notre Église... la *libre existence des congrégations religieuses*, la vie de la perfection, la force divine qui en découle. Nous avons à défendre la *science* ecclésiastique et l'*école* chrétienne, etc.

. . . .

Nos écoles.... ne relèvent plus que de l'Etat ;.... des écoles mixtes sont érigées ;... le Conseil fédéral a étendu en Alsace-Lorraine la loi qui supprime les Jésuites et les ordres affiliés. Nos Pères bien-aimés de Metz, Strasbourg et Issenheim, de Téterchen, Bischenberg, Mulhouse et Landser, sont partis... les couvents sont vides... ils ne peuvent plus nous donner « d'exercices spirituels »... Nos prêtres et nos curés sont cités chaque jour devant les tribunaux, et le paragraphe de la chaire est aussi introduit en Alsace-Lorraine, à la grande joie des mauvais paroissiens...

Que si le Reichstag étend à tous les Etats de l'Allemagne, ce qui peut arriver facilement, les lois ecclésiastiques de la Prusse, quels prêtres seront les jeunes gens qui auront été forcés d'étudier trois ans la théologie à l'Université?... Un beau matin, nos paroisses recevront un curé qui aura une balafre à la figure ou un nez coupé à moitié, glorieuses marques d'un duel... A la fin, ce prêtre-fonctionnaire s'ajustera lui-même un long sabre pour pousser les gens à l'église, et leur donner l'absolution au temps pascal. Lorsque le dimanche il fera une pause en chaire et tirera sa barbiche, le peuple sera certainement ému et édifié. Que deviendra notre jeunesse si, à côté de ce curé-fonctionnaire, se trouve encore un instituteur incroyant? Alors disparaîtront la crainte de Dieu, la religion, la moralité...

Quoi! renier notre foi! nous séparer de l'Église! *Jamais!* s'écrieront tous les bons catholiques. Les temps de la grande révolution française ne reviendront plus, temps où l'on chassait les évêques de leurs siéges et les curés de leurs paroisses... La liberté de l'Église est un si grand bien, que nous ne saurions la payer trop cher.

Vous voyez s'il s'agit dans tout cela de protestation contre l'annexion.

..... En Prusse, on enverra au moins vingt bons catholiques de plus à Berlin. La Bavière ne restera pas en arrière. Et l'Alsace-Lorraine n'entreprendrait rien !..... *Il faut surtout montrer en haut lieu que les catholiques d'Alsace-Lorraine tiennent pour les affaires religieuses comme un seul homme avec leurs évêques et leurs prêtres.....*

C'est ce qu'ici nous savions déjà. Après avoir rappelé que c'est par les élections que les catholiques d'Irlande, de Hollande et de Belgique ont remporté la victoire, la brochure continue ainsi :

Qui élire ?..... Nous devons choisir des hommes qui voudront accepter notre mandat et aller nous représenter au Reichstag.... Nous voulons des Alsaciens-Lorrains pour députés. Eux seuls savent que l'Allemagne peut encore beaucoup apprendre de la France. Eux seuls combattront pour l'*autonomie* de l'Alsace-Lorraine.

L'AUTONOMIE DE L'ALSACE-LORRAINE ! Le mot même pour lequel la *Ligue*, la *République française* et le *XIXe Siècle* avaient honni les particularistes et donné la main aux ultramontains ! Ils ne voulaient pas d'une autonomie libérale, et ils aidaient à en faire une cléricale ! Erreur aussi funeste pour l'influence française que profitable aux intérêts prussiens !

IX.

On n'avait parlé, au début, que de candidats de protestation, lesquels, une fois leur mandat rempli, n'auraient eu qu'à s'en revenir chez eux. Mais ceci ne tarda pas à changer. A la seule apparition des candidats sacerdotaux, ceux de la protestation se trouvèrent rejetés à l'arrière-plan. « De ceux-ci, remarquait » (en janvier) l'*Elsæssische Volksblatt* [1], il n'est plus » question qu'à Mulhouse et à Strasbourg, et encore » les cléricaux strasbourgeois se mettent-ils à interro- » ger M. Lauth, pour savoir *si, protestant ou républi-* » *cain, il est intentionné de rester à Berlin et de voter* » *avec le parti du centre,* AUTREMENT ILS NE VOUDRAIENT » PAS DE LUI. » L'appel qui recommandait aux électeurs MM. Ræss, Philippi, Winterer et autres, se terminait par cette phrase significative : « Pour les circonscrip- » tions de Strasbourg-ville, Saverne et Mulhouse, on » n'a pas posé de candidatures spécialement catholi- » ques. Dans ces circonscriptions, les catholiques vote- » ront pour ceux d'entre les candidats qui ont promis » de prendre position dans le Reichstag contre la poli- » tique ecclésiastique de la Prusse, et qui, de cette ma- » nière, défendront NOS droits. »

Évidemment le clergé n'avait aucune raison pour se montrer hostile à une constitution qui, sous une apparence d'autonomie, eût achevé de lui livrer la province. Aussi se garde-t-il bien de suivre la *Ligue* dans ses attaques contre les autonomistes. M. le curé Winterer, à

[1] Organe libéral de Strasbourg, ayant autrefois paru à Mulhouse, où il combattit, en 1869, le parti du *Volksbote.*

Thann, ne parle guère que du clergé qu'on persécute :
« Catholiques, s'écrie-t-il, depuis trois ans tout le
» monde a pu parler ; seuls nous n'avons pu parler.
» On nous a interdit d'avoir un journal. On a expulsé
» nos religieux... On a tué notre enseignement libre...
» On s'est emparé complétement de l'Ecole... On a dé-
» crété le divorce... On a menacé nos séminaires... »

M. l'abbé Guerber, à Guebwiller, formule son programme en un mot : « L'Eglise libre et l'Alsace aux
» Alsaciens. » Son adversaire M. Schlumberger, avait
dit la même chose en d'autres termes : « Le but que
» l'Alsace devait se proposer était celui d'obtenir une
» constitution appropriée à ses besoins et de présider
» elle-même à ses destinées. » M. Schlumberger, maire
de Guebwiller, fut battu dans Guebwiller même par
M. l'abbé Guerber, de Zillisheim.

M. Hartmann, qui triomphait à Haguenau de son
adversaire autonomiste, le maire de Haguenau, avait
déclaré « qu'il était temps de sortir de la situation dans
» laquelle s'épuisent l'esprit, le cœur et le bien-être
» du pays. »

M. de Schauenbourg, à Strasbourg-campagne, tou-
chait la corde sensible du campagnard : « Notre pays,
» disait-il, a été remis sans charges à l'Allemagne, et
» depuis trois ans, les impôts n'ont fait que croître. »
Dans la même circonscription, M. Léon Grouvei, ancien
président du tribunal de commerce et conseiller muni-
cipal, avait voulu que sa candidature (opposée à celle
de M. de Schauenbourg), eût la même signification
que celle de M. Lauth. Il obtint 600 à 700 voix.

M. Blech, à Ribeauvillé, partisan de la protestation, se retira devant M. l'abbé Simonis.

Je ne crois pas nécessaire d'aller plus loin dans mes citations ; votre opinion doit être faite ; aussi n'ajouterai-je plus qu'un mot.

A Colmar, où l'on sentait vivement toutes les ambiguïtés de la situation, les libéraux voulurent d'abord s'abstenir. Pourtant, à la dernière heure, ils provoquèrent, contre M. le curé Sœhnlin, de Neuf-Brisach, la candidature autonomiste et catholique de M. Charles Grad, de Turckheim. Comme on avait trois fois prêché, du haut de la chaire, que chacun allât voter, les deux tiers environ des électeurs inscrits prirent part au scrutin, et pour 1,207, qui élurent M. Sœhnlin, 541 donnèrent leurs voix à M. Grad, et 222 à M. Frédéric Hartmann qui n'était pas candidat ; 252 bulletins portèrent le nom de M. F. Schneegans, de Strasbourg, et une centaine d'autres furent annulés.

Dans la vallée de Munster, les montagnards protestants, dont M. Hartmann avait décliné les suffrages, par haine des ultramontains, résolurent de voter pour M. de Bismark. Ils ne renoncèrent à leur dessein qu'autorisés par M. Hartmann à le porter lui-même sur leurs bulletins. Ce qui n'empêcha pas que le chancelier prussien n'eût 240 voix dans le canton.

X.

L'inconvénient réel du suffrage universel est dans l'excessive influence qu'il attribue au sentiment sur la direction de l'esprit public. L'expérience, n'en doutons pas, corrigera ce travers, mais en attendant, les intérêts moraux du pays se mènent avec une fougue qui n'en laisse pas suffisâmment approfondir les réalités. Le froid raisonnemen. a perdu ses droits ; la logique du cœur nous emporte et nous rend sourds à celle des faits ; une intempérante ardeur nous livre aux habiletés d'une diplomatie prompte à en exploiter les entrainements. En un mot, nous sommes passionnés quand il nous faudrait être circonspects à l'extrême. Ces réflexions, que m'avait déjà suggérées l'option, me sont revenues avec plus de force au spectacle de nos élections. Etait-il bien sage de pousser les masses au vote, alors qu'on ne voulait pas d'une Alsace autonome ? Etait-il vraiment à propos d'envoyer à Berlin, sous prétexte de protestation, des hommes qui sont, par état, les ennemis de ce 89 d'où date notre union spirituelle avec la France ? Fallait-il que nous fissions de nos votes une manifestation dont la France serait peut-être rendue responsable et qui, dans tous les cas, n'aurait d'autre effet que de hâter l'effacement de nos institutions françaises ? Non, j'aurai le courage de le dire, cette fois encore l'intérêt de la France a été méconnu. Jamais on n'eût dû l'aventurer dans cette bagarre.

Pour qui tient à l'honneur de la France, le nom de la France ici devait être tout ou n'être rien. Du moment qu'on ne pouvait assurer à la protestation pure que trois élections sur quinze, mieux valait s'abstenir. Il n'y avait nulle nécessité de renouveler notre protestation de Bordeaux, si tragiquement commertée par le trépas de Küss. Une redite ne pouvait qu'affaiblir un acte si solennel, du moment surtout que l'unanimité n'était point acquise.

Eh quoi! l'on avait vu 1869 et 1870, et l'on espérait ne mouvoir qu'une question de patriotisme, ne remuer que de la haine contre le conquérant! Qu'il dût en être ainsi dans la plupart des villes, certes cela n'était point douteux, et l'événement l'a prouvé. Mais les campagnes, sont-elles du même esprit? Des paysans qui ne parlent qu'allemand sont-ils des chauvins français? Nos campagnes ont voté comme catholiques et parce que leurs curés voulaient qu'elles allassent voter. *Es geht um d'Religion,* il y va de la religion, voilà quel était leur cri. Les femmes s'en sont, du reste, mêlées. « Imitez, avait dit le mandement épiscopal, d'autres pays de l'Empire où les femmes ont animé leurs maris et les sœurs leurs frères. » Comment, en présence d'une pareille levée de boucliers, nos villages protestants n'auraient-ils pas, eux aussi, voté pour leur foi?

Du moins, l'intérêt de l'Eglise est-il, comme on paraît le croire, identique à celui de la France? Loin

4

de là: Entre la France républicaine et l'Eglise ultramontaine, il y a antagonisme. La France, qui n'est plus catholique que de religion, en politique est protestante. Elle n'est, dans tous les cas, rien moins que dévouée à son clergé. La protestante Allemagne, au contraire, en dépit de sa Réforme, est encore attardée en plein catholicisme politique; elle, qui a sapé la base de tout pouvoir spirituel, est à genoux devant la puissance temporelle. Aussi, l'intérêt romain, que vous croyez si hostile à l'Allemagne, n'est-il en opposition réelle qu'avec l'Empire actuel, et il se tiendra sans doute pour satisfait le jour où, à défaut d'un transférement de la couronne impériale, il aura obtenu l'abrogation des lois ecclésiastiques.

Je termine. De même qu'on a poussé naguère à l'émigration du pur élément français, aujourd'hui l'on a travaillé contre le maintien des institutions françaises. En combattant la création d'une Alsace alsacienne, on risque d'avoir préparé une Alsace prussienne. Tout compte fait, je le crains bien, c'est au roi de Prusse qu'appartient la victoire dans nos élections, d'abord parce que les yeux de l'Alsace-Lorraine sont maintenant fixés sur Berlin, en second lieu parce que le nouveau déploiement de la puissance ultramontaine a effrayé

les autonomistes pusillanimes. Formez néanmoins des
vœux pour nos deux évêques et nos abbés : s'ils venaient
à faillir, ils auraient frayé les voies au vieux-catholi-
cisme.

Colmar, 16 février 1874.

Clermont-Ferrand, typographie Mont-Louis, rue Barbançon, 5.

www.ingramcontent.com/pod-product-compliance
Lightning Source LLC
Chambersburg PA
CBHW051725050726
47598CB00003B/1055